De día de campo con la família

Christine Bagnoli

Traducción al español: María Cristina Brusca

LECTURAS DEL BARRIO

Rosen Classroom Books & Materials™

New York

¡La familia salió de día de campo!
—¡Va a ser muy divertido!
—dijo Miguel—.
Me gustan los días de campo.

2

—Todos van a venir de día de campo
—dijo Mamá.
—Vamos a ver a Abuelita y Abuelito
—dijo Miguel.

La familia fue al parque.
—¡Quiero verlos a todos pronto!
—dijo Miguel.

—¡Abuelita y Abuelito están aquí!
—dijo Miguel.
—¡Estás muy alto! —dijo Abuelita.

—Hola, tía María. Hola, tío Carlos.
—dijo Miguel.
—Hola, Miguel —dijo el tío Carlos.
—Hola —dijo la tía María.

Miguel jugaba al béisbol con su papá.
—Buena atajada —dijo Papá.

—Voy a ayudarte a darle de comer al bebé, tía María —dijo Miguel—.
Voy a darle su biberón al bebé.
—Gracias, Miguel —dijo la tía María.

8

Miguel jugaba al fútbol con Lucía.
—Me gusta jugar al fútbol —dijo Lucía.
—¿Puedo jugar yo también?
—dijo Ramón.

—Me gusta jugar al fútbol
—dijo el tío Tony—.
Voy a jugar con ustedes.
—Yo voy a sacarles una foto —dijo Papá.

—Hace calor —dijo el tío Tony.
—Vamos a beber algo —dijo Miguel.

El tío Carlos cocinaba perritos calientes.
—¡Es hora de comer! —dijo el tío Carlos.
—¡Me encantan los perritos calientes!
—dijo Miguel.

—Es hora de limpiar —dijo la tía Rita.

—Nosotros vamos a ayudarte a limpiar
—dijeron Miguel y Ramón.

—Gracias, chicos —dijo la tía Rita.

—Voy a sacar una foto de toda
la familia —dijo Papá.

—Nosotros nos vamos, Miguel
—dijo Abuelito—. Fue un lindo día de
campo en familia.

—¡Hasta pronto! —dijo Miguel.

—Es hora de volver a casa
—dijo Papá.

—¡Me divertí mucho en el día de campo con mi familia! —dijo Miguel.